Gedanken der Liebe

von

T. Thunder

c 2009

Impressum:

Herstellung und Verlag: Books on Demand GmbH, Norderstedt

ISBN: 9783839124758

In Liebe,

für meine Frau

und meine Kinder

Danke!

Das tränende Herz

Mit den Augen,

sieht man ES nicht.

Mit den Händen,

fühlt man ES nicht.

Mit den Ohren,

hört man es nicht.

Das tränende Herz.

Worte bringen nicht zum Ausdruck,

was Hände nicht Fühlen.

Einzig ein Sinn vermag dies zu tun.

Einzig die LIEBE vermag

zu fühlen- zu sehen – zu hören.

Ist das tränende Herz durch LIEBE einmal

spürbar – sichtbar – hörbar

gemacht,

so ist SIE es, DIE das tränende Herz

verwandelt, tröstet, verzaubert.

In ein lachendes Herz.

Schattenspiele

Rot.

Rot leuchtet die Sonne im UNTERgang.

Schwarz sind die Schatten.

Lang sind die Schatten.

Hell.

Hell strahlt der Mond.

Ein Begleiter durch die Nacht.

Leuchtend, beschützend.

Schwarz sind die Schatten.

Lang sind die Schatten.

Schwarz.

Schwarz sind die Schatten.

Immer begleitend.

Immer DA!

Angst mahnend?

Stärke gebend!

Beschützend?

Gelb.

Gelb leuchtet die Sonne.

STRAHLEND geht sie am ENDE der

Langen schwarzen Schatten am Himmel empor.

Verjagend! Leuchtend! Beschützend! Schattenwerfend!

Schwarz sind die Schatten.

Lang sind die Schatten.

Die Sonne scheint

Die Sonne scheint.

Ein leichter Zug bewegt Windräder – langsam, gemächlich.

Alles geht seinen Gang – langsam, gemächlich.

Wolken ziehen vorbei – langsam, gemächlich.

Nein, es wird nicht regnen.

Langsam, gemächlich, gehen die Menschen.

Ein jeder geht Seinen Weg.

Die Sonne scheint, auf jedem dieser Wege.

Mal mehr, mal weniger.

Man lässt sich treiben, mit der Zeit,

langsam, gemächlich zuerst,

dann schneller und hektischer.

Alles wird normal.

Wie die Sonne, die scheint.

<u>Aber:</u> Wenn die Sonne mal nicht scheint,

ändern wir Unseren Weg?

Wege gehen heißt:

hin und her zu kommen - auf andere zuzugehen.

Fehler einzugestehen - Sachen zu verändern.

Lass uns unseren Weg gehen.

Lass uns unseren Weg prüfen,

Steine wegräumen, uns auch mal umdrehen.

Nicht nur langsam und gemächlich um immer schneller und hektischer zu werden

wenn die Sonne scheint, das Leben zu leben,

sondern, um es

schön und liebend zu genießen, auch wenn SIE mal nicht scheint.

Sea of love

Deine Liebe ist wie ein See,

ein See,

auf dem ich mit

einem kleinen Boot fahre.

Ein See,

der keine Ufer kennt.

Ein See,

mit großen und auch kleinen Wellen.

Ich sitze in meinem Boot

und genieße das Gefühl,

geborgen und nicht allein zu sein,

umgeben von Deiner Liebe.

Ich fahre und werde gefahren.

Immer weiter gerade aus.

Oder auch im Kreis ?!

EGAL!

Die Bewegung ist das Wichtigste.

Verursacht von Deinem

Lachen, Reden, Freuen, Bewegen, Weinen, Verhalten,

tragen die Wellen mein Boot hinaus.

Eine Insel

Still liegt sie da,

umgeben von tosenden Wellen.

Still liegt sie da,

umgeben von rauschendem Wasser.

Still liegt sie da,

Sonnenbeschienen,

Mondnachtschatten umgebend.

Ruhig im Wind.

Still liegt sie da,

weit, weit draußen im Wasser.

Still liegst DU da,

umgeben von der Sonne.

Still liegst DU da,

trotzend all dem Rauschen,

all dem Tosen des Lebens.

Still liegst DU da,

bereit, Gefühle zu nehmen,

bereit, Liebe zu geben.

Jeden Tag. Immer weiter.

Wir beide, DU und ICH.

Still liegen wir da, wie eine Insel.

Immer bereit,

das Rauschen, das Tosen, den Mond, die Sonne, die Bewegung

unsere Liebe

zu geben und zu nehmen.

So, wie eine Insel.

Glück

Manchmal,

manchmal ist es schwer,

zu sagen.

Zu sagen, was man denkt,

was man sagen möchte,

was man fühlt.

Es fehlen die richtigen Worte.

Aber gibt es die RICHTIGEN Worte überhaupt?

Kann man ausdrücken, was man denkt,

was man sagen möchte,

was man fühlt,

in Worte?

Es scheint schwer zu sein.

Aber, wo Worte fehlen, da gibt es Gesten.

Gesten, wie die von kleinen Kindern.

Gesten, wie die von unserem Sonnenschein.

Er sagt, was er denkt, was er sagen möchte, was er fühlt.

Noch ganz ohne Worte, und wir, wir verstehen ihn.

Ein Schrei, ein Lächeln von ihm

lässt uns sofort wissen, was er sagen möchte.

Besonders das Lächeln, das Lachen, das Jauchzen

Ist es, was mich so glücklich macht.

Glücklich und Stolz.

Wenn unser Sonnenschein lacht, dann bin auch ich glücklich.

Glück, ganz ohne Worte.

Glück!

manchmal

Manchmal merkt man es nicht.

Manchmal sieht man es nicht.

Manchmal ist man nicht auf das fixiert.

Manchmal.

Immer.

Immer muss man es merken.

Egal, was ist.

Immer muss man es sehen.

Egal, was ist.

Immer muss man darauf fixiert sein.

Egal, was ist.

Liebe.

Egal, was ist,

IMMER liebe ich Dich!

Licht des Lebens

Es gibt Tage,

die sind wie

ein schwarzes Loch.

Alles wird angesogen.

Keine Freude, kein Lachen,

kein Jubeln kommt heraus.

ABER:

Da bist dann DU.

Du, die mich fasziniert.

Du, die ich bewundere.

Du, auf die ich stolz sein kann.

Du, die mich verzaubert.

Du, einfach nur DU.

UND:

Dafür sage ich Danke.

Danke für Deine Zeit für mich.

Danke für Deine Liebe für mich.

Danke für dein Licht für mich.

UND:

Ich kann nur sagen,

Ich liebe Dich.

Ich liebe Dich, weil DU für mich DA bist.

Ich liebe Dich, weil DU die Tage mit den schwarzen Löchern

vertreibst.

Dein Erscheinen und Dein Dasein,

Deine Liebe erhellt mein Leben.

Deine Liebe ist mein Licht des Lebens.

Ge

~dank

~ken

Gedanken. Sie fliegen, flüchten, gehen, kommen.

Wiederholen sich.

Ge~hen.

Schritt für Schritt. Fuß vor Fuß. Gedanke vor Gedanke.

Immer derselbe Ablauf. Es gibt kein Erbarmen. Keine Veränderung. Es gibt…

Solange NICHTS, Solange man Nichts macht. Solange man Nicht seine Gedanken gehen lässt.

Quer, Kreuz und Quer. Erst dann sind Veränderungen möglich.

Veränderungen, die zu neuen Ufern, neuen Gedanken führen.

Hin zu neuen Ideen. Ideen, die dann wieder flüchten, fliegen, kommen und gehen.

Ge~hen.

Gehen bedeutet Erneuern, Verbessern, Aufbauen. Auch die Liebe muss Gehen. Sonst gibt es ….

…NICHTS.

Das ist wenig. Zu wenig für alles und jeden. Auch für uns, meine Prinzessin.

Also, lass unsere Liebe Gehen. So, wie unser Sonnenschein. Schritt für Schritt. Immer weiter.
Stück für Stück. Hin zu neuen Ufern. Kreuz und Quer.

Und ich weiß, SIE, unsere Liebe füreinander wird immer BLEIBEN.

Ich liebe Dich.

Kraftwerk

Es ist spät.

Du schläfst schon.

Leise schleiche ich mich zu Dir ans Bett.

Vorsichtig klopft Dein Puls an Deine Haut.

Regelmäßig lässt Dein Atem Dich erbeben.

Viel Wärme strahlst Du aus.

Perlen, um Dich zu kühlen, bilden sich.

Heller werden Deine Reaktionen.

Wacher wird Dein Schlaf.

Müder wird die Nacht.

Der Tag erwacht.

Du erwachst,

wachgeklingelt durch Regentropfen am Fenster

oder

wachgekitzelt durch Sonnenstrahlen im Fenster.

Egal.

Du bist wach.

Dein Kraftwerk in der Nacht hat Dich gefüllt.

Gefüllt mit Liebe.

Liebe, die Du wiedergeben und nehmen darfst.

Danke

Wortlos gehen Menschen aneinander vorbei!

Eilig!

Hastig!

Niemanden stören!

Nur schnell weg!

Keiner kennt jemanden!

Alle sind allein!

Erst wenn man sich diese dunklen

Stationen eines Lebens bewusst macht,

merkt man, was Liebe bedeutet

was Liebe macht

was Liebe erreicht.

Man fühlt sich nicht allein.

Es gibt ein Licht in diesem Dunkeln des Lebens.

Ein Licht, das stärker ist als alle Sonnen.

Ein Licht, das stärker ist als Hast und Wortlosigkeit.

Die Liebe als Licht erhellt die Gesichter.

Die Liebe als Licht erhellt die Herzen.

Niemand ist allein.

Jemand kennt jemanden.

Aufeinander zugehen, hastig, eilig.

Auf ein Wort stehenbleiben.

Liebe als Licht verändert Menschen.

Deine Liebe hat auch mich verändert.

Erhellt. Erstrahlt.

Danke!

WAS ? DU !

Was

ich spüre, bist

DU!

Was

ich sehe, bist

DU!

Was

ich höre, bist

DU!

Was

ich fühle, bist

DU!

Was

ich liebe, bist

DU!

Was

bist

DU?

Du bist für mich mein Leben.

Du bist für mich ein Segen.

Du bist für mich Gefühle.

Du bist für mich

ALLES !

DU

bist meine Liebe!

Der Strahl der Liebe

Sonnengleich durchflutet mich

Dein Lächeln

wie ein Lichtstrahl

den Tau am Morgen.

Ausgelöst werden

viele Reaktionen

in mir.

ES funkelt

blendet

leuchtet

strahlt

in mir.

Dank Dir!

Momente Die DU mir Dein Lächeln schenkst

sind: Nicht zu beschreiben.

Nur zu erfahren!

Nur zu fühlen!

Nur zu vergleichen,

mit dem Lichtstrahl,

der den Tau am Morgen

durchflutet.

Zeit

Jeder Tag,

Jede Stunde,

Jede Minute,

Ist mit Liebe gefüllt.

Jede Stunde,

Jede Minute,

Jede Sekunde,

Ist mit Liebe gefüllt.
Ist Zeit Liebe?
Ist Liebe Zeit?
Liebe ist Vergangenheit!
Liebe ist alles, was ich mit Dir erlebt habe.
Liebe ist Gegenwart!
Liebe ist der Moment im Jetzt und Hier.
Liebe ist Zukunft!
Liebe wird, was von der Vergangenheit und
Der Gegenwart
Zusammenkommt.
Liebe ist Zeit!

The Eagle

Sometimes I would like to fly.
Like the eagle in the sky.
A complete overview
by flying over all.
Flying over everything.
The higher I get,
the smaller all become.
Very small.
Not be discovered.
Only by knowing it is there.
The only thing which
will become great in its
appearance IS MY
LOVOE TO YOU.
The higher I get,
The greater it becomes.
More distance means
greater love.
And at the top of my flight
my love for you is
indescribable great.
So great,
that the Universe
becomes a rain droplet.
I love you!

Realität Träumen

Menschen träumen von fernen Ländern.

Menschen träumen von glücklichen Gewinnen.

Menschen träumen von beruflichen Zielen.

Menschen träumen von Beherrschung anderer.

Menschen träumen.

Träumen oft von Dem, was nicht ist.

Träumen oft von Dem, was nicht geht.

Träumen, um der Realität zu entfliehen.

Realität, die

angstvoll, einsam, krank machend, verlassen, verloren

sein kann.

Auch ich träume manchmal. Jedoch:

Mit dem Traum vergeht MIR der Blick zur Realität.

Verlassen, auch NUR für KURZE Zeit:

Der Blick auf meine Prinzessin!

Der Blick auf unsere Kinder!

Der Blick auf unsere Liebe, unsere Realität.

Dann doch lieber Realität träumen.

Den Augenblick erblicken. Genießen!

Realität live erfahren.

Denn Meine Realität lässt mich erfahren,

was mich mein Leben begleitet.

Wer mein Leben begleitet.

Meine Realität ist die Liebe zu Euch.

Und nur Träume lasse mich meine Realität vergessen machen.

Vergessen machen, was lebensnotwendig ist:

LIEBE !

AUGENBLICKE

Mit einem Blick beginnt Es.

Einen Augenblick!

Ein Augenblick voller Zeit.

Zeit von Suche.

Zeit von Finden.

Zeit von Leben.

Zeit von Freude.

Zeit von Träumen.

Zeit von ALLEM!

Nur ein kurzer Augenblick.

Doch der ist IMMER und ÜBERALL.

Da, wo Du bist.

Auch Da ist dann mein Augenblick.

Und ich sehe in Deinen Augen Zeiten,

Zeiten, die ich mit Dir

erfahren möchte.

Zeiten voller Liebe.

Mein Augenblick zeigt mir

in Deinem Augenblick einen

Blick voller Liebe.

Danke für diese

AUGENBLICKE !

Lebensnotwendig / Mehr

Luft.

Notwendig für den Vogel zum Fliegen.

Ihn umgebend, Ihn tragend.

Ja, auch Ihn erwärmend.

Wasser.

Notwendig für den Fisch zum Schwimmen.

Ihn umgebend, Ihn tragend.

Ja, auch Ihn erwärmend.

Liebe.

Notwendig für den Menschen zum Leben.

Ihn umgebend, Ihn tragend.

Ja, auch Ihn erwärmend.

Aber nicht nur das, sondern auch Mehr.

Mehr! So, wie die Liebe es für mich auch bedeutet.

Mehr: Freude! Mehr: Lachen! Mehr: Weinen! Mehr: Fühlend! Mehr: Helfen!

Mehr. Einfach Mehr und nicht zu beschreiben,

Denn noch Mehr: Aus dem Herzen kommend.

Mein Herz empfindet all das Mehr der Liebe.

Mein Herz schwimmt im Meer der Liebe.

Umgeben von Luft und Wasser.

Umgeben von der Liebe.

Der Liebe zu Dir.

Und so ist es denn auch noch eines:

Mehr: Du! Dich liebend!

Mehr geht nicht.

Prinzessin`s Geburtstag

So, nun heißt es

wieder Abschied nehmen.

Abschied von dem Vergangenen.

Das letzte Jahr, ein Jahr voller Ereignisse.

Schöne, weniger schöne.

Aber: Abschied bedeutet ANFANG!

Anfang eines neuen Jahres,

eines Jahres voller

Herausforderungen, Freunde, Sonne, Wärme, Leben, Menschen, Seelen, Freude, Fremde und auch Trauer.

Nur,

lass das Gute überwiegen und niemals das Schlechte siegen.

Freue dich auf Freunde.

Erfreue dich an Kleinem.

Bestaune das Kuriose.

Lache mit den Clowns.

Liebe das Leben.

Liebe alles, was dich liebt.

So, wie ich.

Ich liebe Dich.

Ich möchte das neue Jahr jeden Tag mit Dir be-er-leben.

So wie das Vergangene.

Lass uns feiern.

Feiern den Anfang, Feiern das Ende.

Feiern Deinen Geburtstag.

Hoffnung

Unruhe macht sich breit.

Angst vor dem, was kommt.

Doch,

eigentlich sollte es Freude sein.

Unruhe und Angst.

Ich lasse sie aber nicht wachsen.

Nur allein Hoffnung kann SIE stoppen.

Aufhören lassen und verwelken.

Hoffnung.

Hoffnung, die Du, Prinzessin, mir gibst.

Hoffnung, die Ich durch Dich lernen kann.

Hoffnung, die durch Liebe und Freundschaft wächst.

Hoffnung.

Denn Hoffnung müssen wir haben.
Hoffnung, dass alles gut wird.

Hoffnung muss wachsen, wie ein kleines Baby.

Gesund und munter.

Nur durch Liebe, Vertrauen, Da-sein,

kann die Hoffnung ein Gefühl der Stärke werden lassen.

Stärke, die sich auf alle überträgt.

So ist es notwendig, Hoffnung wachsen zu lassen.

Was bleibt

Was bleibt,

wenn der Vogle geflogen ist?

Was bleibt,

wenn die Blume verwelkt ist?

Was bleibt,

wenn der Fisch abgetaucht ist?

Was bleibt?

Was?

Was bleibt,

wenn das Wasser vergiftet ist?

Was bleibt,

wenn die Luft verpestet ist?

Was bleibt,

wenn die Erde versauert ist?

Was bleibt?

Was?

Was bleibt,

wenn die Menschen sich selbst zerstören?

Was bleibt,

wenn unsere Kinder aus Angst vor der Zukunft weinen?

Was bleibt,

wenn niemand auf den anderen hört?

Was bleibt?

Was?

Was bleibt, ist eine Leere.

Eine Leere, die zu beschreiben schwer ist.

Was bleibt, ist eine Ruhe.

Eine Ruhe, die um ihrer selbst willen noch zu laut ist.

Was bleibt?

Was ist, wenn wir nicht die Hoffnung aufgeben?

Was ist, wenn Menschen vernünftig werden?

Was ist, wenn wir Menschen erwachsen werden?

Was ist, wenn wir endlich Vorbild für unsere Kinder werden?

Was ist dann?

Dann, so glaube ich:

Fliegt der Vogel nicht weg!

Blüht die Blume stets!

Taucht der Fisch nicht weg!

Dann, so glaub ich:

Weinen unsere Kinder nicht mehr!

Schaffen wir eine Gemeinschaft!

Blüht das LEBEN auf!

Was bleibt, sind dann

WIR!

Standpunkte

Oben oder unten!

Hell oder dunkel!

Stark oder schwach!

Ein Standpunkt.

Einen, den jeder einnimmt.

Einen, der so manchem gegeben wird.

Einen, der nicht dem entspricht, was man will.

Keiner muss unten sein!

Keiner muss im Dunkeln stehen!

Keiner muss schwach sein!

Wenn der zugeteilte Standpunkt

nur durch einen klitzekleinen Funken,

nur durch ein schwaches Licht,

nur durch ein kleines liebes Wort,

nur durch eine kleine nette Geste,

nur durch einen Gedanken des Mutes,

nur durch einen Menschen

ERHELLT

wird,

ist jeder in der Lage,

stark nach oben ins Helle zu gehen.

Wiedereinmal...

Wiedereinmal, wiedereinmal bin ich hier.

Hier! Und Du? Du bist da,

weit, weit weg.

Wieder einmal, wiedereinmal bin ich hier.

Hier! Und Du? Du bist da,

ich bin hier weit, weit weg.

Und wiedereinmal sind zwischen uns Tage. Stunden. Sekunden.

Wiedereinmal liegt ein weiter Weg zwischen uns.

Aber:

Zwischen uns kann sich wiedereinmal Sehnsucht entwickeln.

Sehnsucht, die unsere Gefühle aufbaut.

Sehnsucht, die durch die Liebe mit jedem Tag stärker wird

Die Liebe, ohne die es kein wiedereinmal gäbe, erfüllt unsere Herzen.

Und wiedereinmal ist für unsere Herzen die

Entfernung, die Tage, die Stunden, die Sekunde kein weiter Weg.

Grenzenlos, unsichtbar, erfüllen

wiedereinmal unsere Herzen unser Leben

ohne den anderen an der Seite zu einem Licht.

Einem Licht, das in der FERNE leuchtet und aber doch

wiedereinmal uns wärmt und uns geborgen fühlen lässt.

Und wiedereinmal kommen die Lichter aufeinander zu, um dann zusammen

wiederienmal HELL zu leuchten.

Zu strahlen, Wärme zu geben, Liebe zu erfahren, Auftanken zu lassen, Energie auszutauschen.

Alles nur, um dann wiedereinmal

Tage, stunden, Sekunden zwischen uns zu lassen.

Jedoch lässt jedesmal unsere Liebe unser Licht noch stärker brennen.

Sehnsucht

Hier sitze ich nun am Tisch vorm Fenster.

Leise spielt Musik. Die Sonne scheint. Alles in der Natur lacht.

Nur ich nicht.

Mein Herz weint, möchte ich doch bei DIR sein!

Wolken ziehen vorbei, genauso zeihen meine Gedanken.

Grenzenlos. Weit. Langsam.

Immer weiter. Weiter zu DIR!

Dann sehe ich Dich, du lächelst mir zu.

Dein Wesen strahlt über alles.

Ich möchte Dich berühren, Doch ich kann nicht.

Ich möchte Dich spüren, Doch ich kann nicht.

Es sind nur meine Gedanken so weit gekommen.

Die Musik stoppt. Die Sonne scheint.

Und ich sitze hier noch immer an meinem Tisch vor dem Fenster.

Weit, weit weg von DIR. Sehnsucht.

Es gilt aber, die Freude auf Dich zu verstärken.

Denn bald werde ich Die wieder in meinen Armen halten können.

Spüren. Berühren.

Die Sonne scheint. Alles Lacht.

Also soll auch mein Herz jetzt lachen können. Denn nur dann kann ich die Ferne überbrücken.

So grenzenlos wie die Wolken ziehen, so grenzenlos ist meine Liebe zu Dir.

Diese Sehnsucht kann man nur dann spüren, wenn man die Gedanken ziehen lassen kann.

Zukunft

Weit, weit weg möchte ich manchmal meinen Weg gehen.

Weit weg. Einen Weg in die Zukunft.

Was bringt sie? Was kommt? Was wird sein?

Nur 5 Minuten in 10 Jahren!

Was sehe ich? Will ich das wirklich sehen?

Ja, ich will!

Genauso wie vor 10 Jahren!

Ja, ich will!

Ich will Dich! Dich, Du!

Nur Dich!

Erst aus der Vergangenheit heraus wird mein Weg für die Zukunft mir gezeigt.

Mein Weg, weit, weit weg ist hier und jetzt.

Jetzt mit Euch!

Erst daraus ergibt sich meine, UNSERE Zukunft.

Nur mit UNS gestalten wir sie.

Auch, wenn es mal holprig wird,

gegen alle Widrigkeiten an.

Gegen alles Unbekannte.

Unvermeidliche.

Gegen alles…

Aber auch :

mit ALLEM !

Mit Liebe, Freude, Lachen, Zuversicht.

Mit UNS!

Nur so lässt sich Zukunft sehen.

5 Minuten von Gestern bestimmen 5 Minuten von Heute.

Nur mit EUCH!

WARUM

Wer?

Wie?

Was?

Wieso?

Weshalb?

WARUM?

Warum nur gehen wir diesen steinigen Weg?

Warum nur wird immer wieder gesorgt für uns?

Mit vielen Steinen?

Steine der Verzweiflung.

Steine der Last.

Kraft kostet es uns, sie zu beseitigen.

Weg da! Aus dem Weg!

Wir machen DAS!

Wir schaffen DAS!

Jeden Tag mehr!

Gegen alle!

Gegen alles!

Wie?

Nur durch uns! Nur mit uns!

In der nahen Ferne werden die Steine weniger, weil es nicht gelingt, uns aufzuhalten.

WIR!

DARUM!

Tage

Tage der Ungewissheit zerren an mir.

Zerren so, als verginge der Tag mehrfach.

Täglich grüßt das Murmeltier.

Tage im November.

Trübe Tage, die im S e k u n d e n t a k t verstreichen.

Keine Bewegung. Augenscheinlich.

Langsam immer wieder Gezerre.

Kein Weg, den man ohne Last beschreiten kann.

Diese Tage sind es, die die Lebensprüfung zum Test haben.

Wie in der Schule.

Der Lehrer kommt.

Wie ist mein Ergebnis?

Alles in fremde Hände gelegt.

Andere bestimmen an diesen Murmeltiertagen der Ungewissheit.

Vorsichtig decke ich auf.

Langsam, genauso im S E K U N D E N T A K T.

Da! Dort! Hier!

Viele nicht konform der Gesellschaft gemachte Aussagen.

Vieles zu unbequem.

Die Welt scheint einzustürzen.

Sie scheint…

Nein! Sie SCHEINT.

Ein Lichtstrahl macht sich sichtbar durch das Dickicht des trüben Murmeltiertages der Ungewissheit.

L A N G sam. Aber immer HELLER!

Es leuchtet.

Die Sonne geht auf, das Trübe lichtet sich.

Hochdruckeinfluss an diesem trüben Novembermurmeltiertag.

Wärme kann umströmen.

Es lebt.

Immer, Alles.

Tage wie diese.

Zerren voller Ungewissheit.

An deren Ende aber immer steht das LICHT der HOFFNUNG.

Die Gabe, die alles Leben lässt.

Die Gabe, die mit der Liebe Tage wie diese vertreibt.

Das Wasser

Tiefe

trübe Tiefe

kein Licht

alles Dunkel

je tiefer, desto kälter

ABER

Kann ich so tief?

Muß ich so tief?

Darf ich so tief?

NEIN!!!

Nicht einmal ein Nichts kann mich so tief gehen lassen dürfen.

Rauf! Hoch! Hin!

Hinein ins Lichtdurchflutete!

Helligkeit!

Wärme!

Ja, hier bleibe ich.

Kein Weg mehr nach unten.

Niemals!

Nicht das zulassen,

immer wieder den Weg

nach OBEN suchend,

ins warme Wasser.

Die Wand

Wie viel Wand braucht die Welt

Wie viel Mauern sich zu überwinden?

Warum?

Wände sind stabil.

Schallen ab.

Kein Weg vorbei.

Stopp! Stehen bleiben!

Warum?

Wände haben Risse!

Wände sind manchmal zu klein.

Dienen als Treppe.

Immer wieder darauf!

Das Ziel?!?

ES lohnt sich!

Jede Wand umgibt ein rätselhaftes Etwas.

Jede Wand ist nur so gut wie sein Erbauer.

Wie der Mensch.

Ein Mensch hat auch Mauern.

Zum Schutz. Zur Abwehr.

Aber es lohnt sich, hinüber zu schauen.

Einen Blick nur,

nur einen kleinen.

Nicht viel. Erst dann

kann man Erkennen, warum ein Wand.

Auch diese lässt sich dann abbauen.

Solange, bis daraus eine blühende Landschaft geboren ist.

Keine Wände mehr!

Stille

In die Stille hinein,

hört man das Rauschen.

Erst leise,

dann immer lauter.

Rauschen!

Der Rausch des Lebens.

Hier und dort, ist er

überall.

Manchmal muß man sich

zwingen, ihn zu hören.

Überlagert von Geräuschen des Lebens.

Geräusche, die das Rauschen stören.

Sie hindern, hinauf zu kommen, sich zu entfalten.

Erst die Stille lässt dem Rauschen den Platz.

Stille, die es braucht.

Stille, die Geräusche verschluckt.

Stille, die es erlaubt, das Leben zu leben.

STILLE!

Liebe

Die Liebe,

ein Phänomen,

das jeder und keiner erklären kann.

Gefühle, Empfindungen gehören dazu.

Gedanken, Ansichten, gehören dazu.

Seelen und Körper, gehören dazu.

Das Wichtigste sind die Menschen.

Menschen, die sich lieben.

Menschen, die sich mögen.

Menschen, di sich zueinander gezogen fühlen.

Menschen, die die Freiheit aufgeben, die ganz persönliche,

um

Freiheit zu finden.

Freiheit, das Leben zu genießen.

Freiheit, von eigenen Gedanken hin zu gemeinsamen.

Hin zu einer gemeinsamen Zukunft.

Die Zukunft, die ich mit DIR

verbringen möchte.

DU bist mein wichtigster Mensch.

Mein Mittlepunkt.

Mein Zentrum, in dem sich

Gefühle, Empfindungen, Gedanken, Ansichten

meiner SEELE und meines Körpers

zum Phänomen LIEBE geformt haben und immer wieder neu formen.

Ein Wort

Ein Wort

kann nicht genug sein.

Ein Wort

kann alles beschreiben.

Ein Wort

kann Wege beschreiben.

Ein Wort

kann Dein Herz mir öffnen.

Ein Wort kann ALLES!

ein Wort: LIEBE!

Liebe, so wie Du sie mir gibst.

Liebe, so wie Ich sie empfinde.

Liebe, so wie Wir sie erfahren.

Liebe.

Ein Wort,

gefolgt von vielen Taten.

Nur ein Wort,

aber einfach genug, um alles zu erzählen.

Ein Wort.

Lachen, Weinen, Freude, Trauer, Vertrauen, Spannung, …

und noch mehr steckt in Liebe.

All dies darf ich mit Dir,

Dürfen wir mit Uns erfahren.

Danke !

Jahreswechsel

Ein neues steht da,

das vergangene vergeht endgültig.

Aus. Weg. Vorbei!

An. Da. Herbei!

Ja, es ist da.

Begleitet von vielen Wünschen.

Wünsche, die man selber schafft.

Wünsche, zum greifen nah.

Wünsche, die man nur schaffen lassen kann.

Wünsche, die aus dem neuen Jahresweg herauswachsen.

Alle! Jeder wünscht sich etwas.

Alle! Jeder hat auch Hoffnung, dass die auch so geschieht.

So habe auch ich die Hoffnung, das sich

all Deine Wünsche,

all unsere Wünsche

so aus dem neuen

JAHRESWEG

heraus wachsen

und

sich

damit

selbst

erfüllen!

Träume

Manche sind so klein,

manche sin so nah,

manche sehr fein

und manche wahr.

Sie lassen uns gehen.

Sie lassen uns stehen.

Sie lassen die Welt

nach vorn sich weiter drehen.

Träume.

Gefühle

Gefühle sind das

empfindsamste, was

die Liebe hervorbringt.

Wort, Taten, Blicke,

all das kann treffen.

treffen kann aber auch

ein Blick, ein Wort, eine Tat der Liebe.

Tief treffen. Voll ins Herz.

Aber doch nicht verletzend.

Nicht schwächend, sondern stärkend.

Stärken.

Die Gefühle.

Die Gefühle der Zuneigung. Die Gefühle der Liebe.

Gefühle, die durch Worte nicht so genau beschrieben werden können.

Gefühle, die keine feste Form finden.

Aber,

diese Gefühle formen Menschen.

So, wie sie mich formen.

So, wie sie auch Dich formen.

So, wie alle geformt werden.

Aber,

diese Gefühle machen uns alle auch einzigartig.

So, wie Du Du bist.

Einzigartig.

Und diese Einzigartigkeit, geformt durch die Empfindlichkeit der Gefühle ist es die ich liebe.

Und so werfe ich Dir liebend gerne Blicke und Worte zu, die Dich stärken.

Der Mann im Mond

Aus der Ferne schaut er zu.

Beobachtet. Betrachtet. Verfolgt.

Verfolgt den Lauf der Erde.

Verfolgt den Lauf der Menschen auf der Erde.

Auch uns. Dich und mich.

Jedoch fühlen wir uns nicht beobachtet.

Wir beide leben unser Leben.

Mit Liebe, Freude, Spaß.

Mit Ärger, Wut und auch Trauer.

Aber:

Der Mann im Mond, er lächelt uns an.

Lächelt, was er kann.

Jeden Tag, jede Nacht.

Lächelt über unser Verhalten.

Lächelt, wenn wir uns freuen.

Lächelt, obwohl wir uns ärgern.

Lächelt, auch wenn wir trauern.

Lächelt, wenn wir Lachen.

Jeden Tag, Jede Nacht.

Wie ein Freund ist er bei uns.

Hört zu, behütet und beschützt uns.

Ich denke, wir sollten öfters zum Mann im Mond schauen.

Erst dann merken wir, nicht alles, worüber man sich ärgert, ist es wert,

Erst dann merken wir, worüber wir trauern, wird sich verändern.

Wir sollten lächeln.

Lächeln mit dem Mann im Mond.

Du und Ich

Du und Ich, das ist etwas Schönes.

Du und ich, das ist eine tolle Geschichte.

Du und ich, das sind viele Höhen.

Du und ich, das sind einige Tiefen.

Du und Ich, das ist Vertrauen.

Du und Ich, das ist Lachen, Freude, Trauer und Glück.

Du und Ich, das sind Empfindungen.

Du und Ich, das sind Gefühle.

Du und Ich, das ist LIEBE.

Liebe ist Hoffnung und Zukunft.

Die Zukunft will ich mit Dir zusammen erleben aus Liebe.

Was mich bewegt…

Ein Zug, der die Stille der Nacht durchschneidet.

Ein Auto, das rasch durch die Straßen fährt.

Das ist es, was mich bewegt.

Was mich jedoch bewegt ist

ein Lächeln von Dir.

Dein liebes Gesicht.

Dein zärtliches Wesen.

Deine Wärme für mich.

Deine Liebe für mich.

Meine Liebe für Dich.

All DAS ist es, was mich bewegt.

Kinder, die spielend durch die Straßen tobe.

Lachend, kreischend.

Unsere Kinder selbst.

Sein Lachen.

Ihr Träumen.

Seine Fragen.

Ihre Freuden.

All DAS ist es, was mich bewegt.

Bewegung bedeutet,

Standpunkte zu wechseln,

Perspektiven zu verändern,

neue Wege zu gehen,

neues zu Erfahren.

Ich lasse mich gerne bewegen, um Euch immer wieder neu zu erfahren.

Deshalb ist ES alles DAS, was mich bewegt.

Wenn das Laub fällt

In voller Pracht stehen sie da,

bunt, schön anzusehen.

Voller Energie. Energie, gesammelt für den Winter.

Wenn dann das Laub fällt

Bunt. Schön anzusehen.

Farbig. Beruhigend.

In voller Pracht stehen die Bäume da.

Sich aufbäumend gegen das folgende triste, graue Einerlei.

Ein letztes Mal in diesem Jahr,

manchmal alles gebend.

Mir eine Freude machend.

Wenn dann das Laub fällt, weiß ich,

ich muss das Bunte, das Farbige

in mir bewahren.

Um immer wenn es nötig ist,

von den gesammelten Farben zu zehren.

Solange, bis wieder im Jahresablauf die Welt erwacht.

Erwacht für einen neuen Start.

meinkleinesvonwinzigenregentröpfchenbenetztesundimsonnenlichtinschönen
regenbogenfarbenleuchtendeszartesimwindwiegendesrosenblättchen

kurz

liebe Prinzessin

Jeden Tag, wenn ich erwache, freue ich mich.

Ich freue mich, am Tag Deine Stimme zu hören.

Ich freue mich, am Tag Dein Lächeln zu sehen.

Ich freue mich, am Tag Dich zu erfahren.

Ich freue mich, Deine Wärme zu spüren.

Ich freue mich, am Tag auf Dich.

Viele Tage sind seither vergangen, an denen ich Dich

hören, sehen, erfahren, spüren

konnte.

Und jeder Tag,

sei er auch manchmal nicht von der Sonne des Lebens beschienen worden,

war ein besonderer Tag.

Dank Dir. Durch Dich. Mit Dir.

Und so freue ich mich immer wieder jeden Tag auf Dich.

Liebe meines Lebens

Du, Du Sonne,

Du Licht

in meinem Leben.

Du, Du Stern

der heller strahlt als

jede Lampe, jede Kerze

und nicht

in meinem Herzen verlischt.

Du, Du Sonne

Du Licht

Du Liebe meines Lebens.

Du, du wunderbare Frau,

ich liebe Dich.

Du, Du schaffst es immer wieder

auch dann, wenn dunkle Schatten

der Einsamkeit in meinem Herzen sind,

mit Deinem Licht, Deiner Sonne, Deinem Wesen

mein Herz zu erleuchten und diese Licht, es erlischt niemals.

Alleine

Alleine sitze ich hier, träume von Dir!

Träume von Zeiten mit Euch, diese zu genießen.

Träume von Lachen

Träume von Freude

Träume von Nähe

In der Ferne!

Fern bin ich.

Fern seid Ihr.

Ferne, die scheinbar nicht zu überbrücken ist.

Ferne, die kommt, die aber auch geht.

Und wenn sie geht,

komme ich zu Euch.

Und ich genieße dann

die Nähe, die Freude, das Lachen.

Euer Lachen.

Ein Lachen, das mir das Herz wärmen lässt.

Ein Lachen, das auch in der Ferne zu hören ist.

Und bin ich dann wieder in der Ferne alleine,

so höre ich Euer Lachen.

Spüre Eure Freude und

genieße dann in der Ferne Eure Nähe,

genährt von der Sonne im Herzen, die mich

mit Euerm Wesen verzaubert und

träumen lässt, allein in der Ferne.

Die Zauberin

Schlechtes Wetter kann SIE wegzaubern.

Sonnenschein kann SIE herzaubern.

Tränen kann SIE wegzaubern.

Ein Lächeln, ja, sogar Lachen kann SIE herzaubern.

Angst, Ungewissheit, Schmerz kann SIE wegzaubern.

Mut, Zuversicht, Freude kann SIE herzaubern.

S I E .

Wer ist SIE?

SIE ist die Zauberin.

SIE ist der Mensch, der Größe hat.

SIE ist ein Kind, das Träume hat.

SIE ist eine Frau, die auch empfindsam ist.

SIE ist SIE.

Wer ist SIE?

SIE ist die Frau, die ich liebe.

SIE ist der Mensch, den ich brauche.

SIE ist das Kind, mit dem ich Träumen möchte.

SIE ist die Frau, die beschützen möchte.

SIE, die mir durch ihr Dasein alles gibt:

Sonnenschein, Lächeln, Lachen, Mut, Zuversicht, Freude und

Liebe.

Ja, ich liebe SIE.

SIE, die Zauberin.

Natur / Liebe

Natur ist überall.

Natur ist Luft.

Natur ist Leben.

Leben braucht Liebe.

Liebe braucht Luft.

Liebe ist überall.

Natur braucht Liebe.

Liebe braucht Natur.

Beide haben uns unsere Kinder geschenkt.

Beide bedeuten also LEBEN.

Wir leben.

Wir leiben.

Leben braucht Liebe.

Ich brauche Dich.

Ich liebe Dich.

Für Dich

In ein paar Jahren

wirst Du fragen,

Was Leben ist?

Was Liebe ist?

Antworten gibt es viele.

Nur: Passende nicht!

Ich kann Dir nur sagen,

auf Deinem Weg Dir mitgeben,

dass Leben und Liebe in Deinem Herzen sind.

Von dort muss alles gehen.

Liebe!

Lachen!

Freude!

Trost!

Persönlichkeit!

Achtung!

Nur, wenn Du in Deinem Herzen das Kind,

das Du jetzt bist, bewahrst,

kannst Du erkennen, was Liebe und Leben sind.

Schau' in Dein Herz!

Liebe

Liebe ist nicht,

wenn nicht der Mensch bereit ist,

zu geben und zu nehmen.

Ich gebe Dir einen Teil,

zwei Teile, viele Teile,

Nein, ALLES von mir!

Du bekommst alles.

Meine Gedanken, Gefühle,

mein Vertrauen, mein Glück,

aber auch mein Leid, mein Pech.

Und ich?

Ich nehme!

Ich nehme von Dir

Deine Gedanken, Deine Gefühle,

Dein Vertrauen, Dein Glück,

aber auch Dein Leid und Dein Pech.

Alles, alles das gibst DU mir.

Danke! Danke für Deine Liebe!

Tage

Viele Tage sind vergangen!

Viele Tage werden noch gehen!

Ein kommen und gehen.

Ein Erwachen und Schlafengehen.

Mit Dir! Nur mit Dir!

Immer möchte ich mit Dir Tage erleben.

Erfahren, Wahrnehmen! Zubringen, Genießen!

Wenn Du da bist, vergehen

die Tage wie Stunden, aber jede Sekunde kann ich intensiv erleben.

Wunderbar! Wundervoll! Bezaubernd! Erfüllend! Erfahrend!

So darf ich die Sekunden eines Tages mit Dir verbringen.

Aber,

bist Du nicht da, so wird jeder Tag für mich zu einem Jahr.

Langsam vergeht die Zeit!

Trotzdem:

Meine Liebe zu Dir und die Gewissheit, dass

ich Deine Liebe haben darf, helfen mir,

diese Zeit Deiner Abwesenheit,

diese Zeit der Langsamkeit

Schnell zu überwinden.

Dann macht sich Freude breit, so wie sich jeden Tag die Sonne in meinem Herzen breit macht.

Und diese Wärme ist es, die ich Dir wiedergeben möchte.

Wärme und Liebe.

Ein Leben lang, Mein Leben lang, Dein Leben lang,

Unser Leben lang.

Was bleibt wenn…?

Was bleibt, wenn helles trüb wird?

Was bleibt, wenn aus Spaß Ernst wird?

Was bleibt, wenn Lachen Weinen bringt?

Was bleibt, wenn Freude der Trauer weicht?

Was?

Was bleibt?

Bleibt nicht der Gedanke an das Helle?

Bleibt nicht das Zucken des Mundes?

Bleibt nicht die Träne des Lachens?

Bleibt nicht die Hoffnung?

Hoffnung, aus Liebe entstanden?

Liebe, die Menschen miteinander verbindet?

Liebe, die aus dem Ernst der Weinens Trauer macht?

Liebe, die des Lachens wegen den Spaß zur Freude macht?

Liebe, die Freude macht?

Liebe, die Trübes erhellt?

Was bleibt, wenn…?

L I E B E !

Liebe als höchstes Gut, das wir haben.

Liebe, die STÄRKER ist, als die Schwächen des Lebens.

Liebe bleibt!

Wenn der Morgen Erwacht

Sterne gehen schlafen.

Der Mond geht zu Ruh.

Dann, wenn der Morgen erwacht.

Das Dunkel der Nacht weicht zurück.

Tränen, gebaut aus den Gedanken von Gestern

werden zunehmend unsichtbar.

Dann, wenn der Morgen erwacht.

Leise machst Du Dich laut.

Dein süßes Gesicht wird verlassen vom Schlaf der Nacht.

Dann, wenn der Morgen erwacht.

Licht dringt ins Zimmer.

Alles erstrahlt.

Dann, wenn der Morgen erwacht.

Immer wieder.

Jeden Tag aufs Neue.

Doch,

Dann wenn der Morgen erwacht,

gibst Du ihm erst Bedeutung.

Dann, wenn der Morgen erwacht, gibst Du dem Tag

Leben, Lachen, Liebe, Freude, Persönlichkeit.

Dann, wenn der Morgen erwacht,

immer wieder, Tag für Tag.

Dann, wenn der Morgen erwacht.

Kinder dieser Welt

Sie

tragen die Freude hinein.

Sie

tragen das Lachen hinein.

Sie,

die doch noch so klein sind

und

doch schon so groß.

Sie,

die mit IHRER Art

uns Große erfreuen.

Sie

können uns, obwohl noch so klein,

soviel lehren.

Sie,

die Kinder dieser Welt.

Lasst uns von Ihnen lernen, denn von Ihnen zu lernen,

heißt,

unsere Welt strahlender zu machen.

Sie, die Kinder dieser Welt,

sind unsere Zukunft.

Immer wenn die Sonne scheint

Die Sonne scheint.

Ein leichter Zug bewegt die Windräder, langsam, gemächlich.

Alles geht seinen Gang, langsam, gemächlich.

Wolken ziehen vorbei, langsam, gemächlich.

Nein, es wird nicht regnen.

Langsam, gemächlich, gehen auch die Menschen.

Ein jeder geht seinen Weg.

Die Sonne scheint auf jedem dieser Wege.

Mal mehr, mal weniger.

Man lässt sich treiben mit der Zeit,

langsam, gemächlich zuerst,

dann schneller und hektisch.

Alles wird normal.

Wie die Sonne, die scheint.

Aber: Wenn die Sonne mal nicht scheint,

ändern wir dann unseren Gang?

Bewegen heißt hin und her zu kommen.

Auf andere zuzugehen. Fehler einzugestehen. Sachen zu verändern.

DAHER, immer wenn die Sonne scheint,

lass uns unseren Weg prüfen.

Die Steine wegräumen, auch mal umdrehen.

Nicht nur langsam und gemächlich,

um immer schneller und hektischer

das Leben zu leben.

Sondern, um es schön und liebend zu genießen.

Liebe bedeutet

Liebe,

Liebe bedeutet immer wieder

das Lachen zu hören,

das Lachen zu sehen,

auch dann, wenn man es

nicht hören oder sehen kann.

Liebe,

Liebe bedeutet immer wieder

Sorgen mit zu tragen,

Problem zu lösen,

auch dann, wenn sie

zu mächtig erscheinen.

Liebe,

Liebe bedeutet immer wieder

Schmerzen zu ertragen.

Schmerzen, die nicht zu ertragen

möglich sind.

Schmerzen, die aus Entfernung entstehen.

Schmerzen, die mit abnehmender Entfernung der Trennung

aus dem Herzen weichen und als

Schmetterlinge im Bauch das Denken unmöglich machen.

Liebe,

Liebe bedeutet für mich,

Euch nach Tagen der Entfernung immer wieder

aufs Neue zu erleben und nie genug davon zu bekommen.

Sonnenaufgang

Langsam hebt sich die Sonne empor.

Scheinbar.

Scheinbar nur.

Langsam steigen die ersten wärmenden

Sonnenstrahlen am Horizont auf.

Scheinbar.

Scheinbar nur.

Langsam weicht die Dunkelheit der Nacht.

Scheinbar.

Scheinbar nur.

Hell, schön, strahlend warm

bahnen sich die Sonnenstrahlen einen Weg.

Hindurch durch die Atmosphäre.

Vorbei an Wolken.

Scheinbar?

Nicht scheinbar.

Real.

Nur dies ist echt.

Wärme wird real abgegeben.

Das Scheinbare Erlebnis wie der Sonnenaufgang

zeigt ein Zusammenspiel.

Ein Zusammenspiel von Perspektiven.

Perspektiven,

die auch für uns Gültigkeit haben.

Auch für unsere Liebe.

Sind wir auch noch so weit voneinander

ge ~ trennt

so geht für uns doch immer wieder die Sonne auf,

oder dreht sich die Erde?

Perspektive!

Liebe geht nicht ohne Entfernung.

Liebe geht nicht ohne Nähe und Wärme.

Liebe geht nur,

wenn man sich aus seiner

Perspektive auf den Sonnenaufgang des anderen freut.

Ein Leben für uns

Es ist Herbst.

Bausteine sind gelegt.

Blätter fallen.

Die Sonne verschwindet,

immer mehr, immer weiter

hinter den Horizont.

Man meint, das Leben geht.

Jedoch: Höre! Sehe! Fühle!

Höre die Vögel, die nicht nach Süden ziehen.

Sehe das Grün, das nicht fällt.

Fühle, Fühle den Wind im Haar.

Fühle den Morgennebel.

Fühle das Leben in Dir.

Leben, das sich entwickelt.

Leben, das sich entfaltet.

Nein, das Leben geht nicht,

es kommt!

Mit jeder Sekunde, Minute, jeden Tag, jeder Woche wächst es weiter.

Der Winter kommt.

Schnee fällt, bleibt liegen und taut.

Der Winter geht.

Frühling wird es.

Langsam kommt die Sonne von ihrem Ausflug zurück.

Vögel erwachen und erwecken mit ihrem Gesang.

Blumen blühen. Von Wärme geborgen.

Auch bei Dir ist es geborgen.

Das eben noch kleine Leben vom Herbst

wird immer mehr ein Schauspiel.

Ein Spektakel des Lebens.

Jeder Tag, jede Stunde, jede Minute, jede Sekunde

voller Genuss und Freude, die Wir empfinden können

über das Leben.

Bald ist es da. Unser Leben. Unser Kind.

Wie der Sommer. Und es wird gedeihen und wachsen

wie das Kommen und Gehen der Jahreszeiten.

Mal mit Freude, mal mit Schwermut.

Jedoch, nicht wie die Sonne wandernd, sondern es

wird bleiben unser warmer Sonnenschein.

Sea of Love II

Mein Boot, ein Boot

bestehend aus vielen Planken.

Planken, die wie Gefühle, Gedanken sind.

Persönlichkeit.

All das wird von Deiner Liebe getragen.

Nichts, Nichts kann mir etwas anhaben,

solange Deine Wellen mich beschützen.

Stürme, Gewitter, Orkan.

Nichts ist es, vor dem ich mich fürchten muss.

Und so gibt es für mich nur

Sonne, Sonne, Sonne.

Sonne, die Du mir bescherst.

Und ich sag Danke. Danke für dieses ruhige Wasser,

diese Sonne.

Kurz: Danke für Deine Liebe.

Für meine Prinzessin

Hey Du, hör mal zu,

seit wir uns kennen, falle ich tiefer

in den großen See der Liebe.

Sie ist wie ein Sog,

der mich in die Mitte des Sees der Liebe zieht.

Gefühle, Gedanken, Freude, Trauer,

Alles ist da, mich umgebend.

Aber noch schöner ist das, was vom Herzen ausgeht,

wenn

Du lachst und sprichst.

Hey Du, hör mal zu,

Danke für Dich.

Weit weg und doch so nah

Weit.

Weit weg.

Weg von Dir schlägt mein Herz und mit

Jedem Pochen

Geht die Entfernung zurück

Und dann bin ich Dir nah.

Wieder zurück.

Mein Herz pocht so stark.

Es tankt: Liebe, Nähe, Freude.

Nur wenn ich bin bei Dir

So nah.

Und dann.
Dann kommt die Ferne.

Es geht wieder die Nähe.

Von Neuem geht der Kreislauf.

Mein Kreislauf.

Mein Herz pocht.

Es verbraucht die getankte

Liebe, Nähe, Freude.

ABER: es hat genug.

genug, um bis Freitag

Auszuhalten.

Und so bin ich so oft weit weg

bist Du so oft weit weg

Und doch so nah.

Was sind schon…

Was sind schon viele lachende Gesichter?

Was sind schon viele Menschen?

Was sind all die Regentropfen,

klopfend am Fenster?

Was sind schon viele Freizeitmöglichkeiten?

Was sind schon Spaziergänge?

Was sind schon Stadtbummel,

in der Hektik der Straße?

Was sind schon…?

Viel? Nichts!

Ohne Dich, Ohne Euch

sind solche

Sachen

Dinge,

einfach

vielfach

ohne Spaß,

ohne Elan,

ohne Freude.

Doch,

die Hoffnung aufs Wiedersehen,

Hoffnung auf Euch

lassen mir all diese Dinge als Abwechslung dienen.

Kraft der Gedanken

Ruhe.

Leise fällt der Regen.

Dann, immer lauter werdend zur Erde.

Die Gedanken gehen den entgegengesetzten Weg.

Nach Oben.

Weit in den Himmel.

Sie schweifen.

Sie fliegen.

Sie sind frei.

Ruhe.

Leise rauschen die Gedanken

hinweg über jedes Hindernis hinweg.

Ihren Weg. Sich durch nichts stören lassen.

Ruhig und gelassen.

Diese Kraft, die sie treibt, lässt unsere Welt leben.

Diese Kraft lässt alles Möglich erscheinen.

Hoffnung. Glaube. Freude. Friede.

Alles nur durch die Kraft der Gedanken, die

Auch im rauschenden Regen ruhig und gelassen fliegen.

Winter

Flocke um Flocke bahnt sich ihren Weg.

Weg sind die Freuden des Sommers.

Er ist da, der Winter.

Kraft. Grau. Dunkel.

Weiß. Hell. Strahlend.

Jedoch Vieles schlafend.

Tiere, Bäume, Blumen.

Vieles in der Natur.

Jedoch,

hell wie der Schnee,

weiß wie die Landschaft.

strahlend wie der Schneemann

ist auch in dieser, manchmal kalten, grauen, dunklen Jahreszeit

meine Liebe für Dich.

Sie ist es, die warm macht.

Sie ist es, die strahlend macht.

Sie ist es, die das Herz erhellt.

Und ich weiß, ich kann Deiner Liebe sicher sein.

Sicher, ich muss dafür arbeiten.

Sicher, wir müssen dafür arbeiten.

Wir müssen für uns, nicht schlafend, auch im Winter

das Wunder der Liebe entdecken und bewahren.

So, wie das Wunder der Schneeflocke, die sich ihren Weg bahnt.

Alles nur, um zu sagen: Der Winter ist da, wie auch unsere Liebe in dieser

hellen, weißen, strahlenden Zeit.

Weihnachten

Weihnachten, das Fest der Liebe,

das Fest der Freude,

das Fest der Menschen.

Weihnachten!

Weihnachten ist wie Du und Ich.

Zwischen uns ist es auch ein

Fest der Liebe,

ein Fest der Freude,

jedoch

täglich und immer.

Weihnachten, auch ein Fest der Geschenke.

Unser Geschenk?

Na klar.

Unser Geschenk ist das Ergebnis unserer Liebe.

Unser Baby.

Wieder ist sie da, die Freude.

Wieder ein Fest der Freude.

Wieder ist Weihnachten.

Also Weihnachten ist immer und überall da,

wo Menschen, Liebe, Freude zusammenkommen.

Liebe

Es gibt Menschen mit Problemen,

Probleme mit Menschen.

Es gibt Sonne mit Schatten,

Schatten mit Sonne.

So, wie bei uns.

Uns beide lässt die Sonne hoffen, vertrauen.

Hoffen, das alles gut wird.

Vertrauen, das alles gut wird.

Vertrauen aber auch darauf, dass WIR füreinander da sind.

Ich für Dich. Du für mich. Wir für uns.

Hoffnung und Vertrauen.

Hieraus erwächst das Wissen, notwendig zur Beruhigung.

Hieraus erwächst auch die Liebe.

Schatten und Probleme zeigen die Stärke der Liebe.

Stärke, die nicht aus dem Nichts erwachsen kann.

Nur aus unsere Liebe füreinander.

Diese erwächst wieder aus unseren Herzen.

Aus unseren Herzen, die belegt sind mit Schatten und belastet mit Problemen.

Aber: Die Sonne in unseren Herzen wird den Trübsinn wegschmelzen wie Schnee in der Hitze.

Die Sonne in unseren Herzen erhellen unsere Liebe-

Auch die Hoffnung gibt ihr Scherflein dazu.

So, wie ich Dich jetzt mit meiner Sonne zu erhellen hoffe,

machst Du es auch mit mir.

Einsamkeit

Manchmal sind wir allein.

Denken über alles nach.

Ruhig und leise.

Manchmal verzweifelnd.

Keiner da.

Dann ist die Einsamkeit der einzige Begleiter.

Mein Begleiter, Dein Begleiter.

In Gedanken versunken schicken

wir uns dann Wege für unsere Begleiter.

Sie finden sich

und gehen gemeinsam den

Weg der Einsamkeit.

Licht

Leben ist Licht.

Licht ist Leben.

Im Dunkeln der Nacht

Ruht alles in Sich.

Erst das Licht am Anfang eines neuen Tages

lässt das Ruhen erwachen,

um neues Leben zu geben.

Leben ist Licht ist Leben.

I L D

Meine Liebe zu Dir

wächst ist jedem Tag mehr.

Ausgesetzt wie eine Blume

den Widrigkeiten der Natur.

Regen. Wind. Schnee.

Wärme und Kälte.

Und trotzdem,

immer weiter wachsend,

nie genug von Dir bekommend,

geht meine Reise der Liebe immer weiter.

Jeden Tag mehr.

Wohin?

Bis in den Himmel.

Bis dahin, wo die Liebe zu Hause ist.

Bis in Dein Herz.

Und dann?

Dann geht sie weiter, die Reise der Liebe.

Gemeinsam. Stark. Glanzvoll. Zusammen.

Du und Ich.

Dein und mein Herz.

Unsere Liebe wächst.

I L D

Love and trust

Love is an old thing to believe in.

Love is as old as the earth is.

Love is all.

Trust is to be needed to love.

Trust is what gives us a smile.

Trust is what hints us the way.

Love and trust.

Both belong together.

No one can live without.

Love and trust.

Both can build this world to be a better one.

Love and trust.

Both as old as our world, given us by God.

Love and trust.

Without the one the other cannot exist.

Anyone can give it and take it.

Anyone can love and trust.

Let's do it for our future.

9 Monate

Geliebt, Geboren,

9 Monate.

Gezittert, Gelitten,

9 Monate.

Gefreut, Gelacht,

9 Monate.

Gespürt, Bewegt,

9 Monate.

Und dann,

Dann bist Du da.

Einfach so.

Du Kind dieser Welt,

WILLKOMMEN.

Schön, dass ich DICH

kennenlernen darf.

Nach 9 Monaten,

ein Leben lang.

Neues wagen

Immer, am Anfang

ist es ein einzelner Schritt.

Los! Aufstehen!

Einen Anfang wagen!

Neues wagen!

Das Alte hinter sich lassen.

Manchmal schön, manchmal bedrückend.

Auf, Neues wagen!

Langsam, vorsichtig, verhaltend erst,

dann immer sicherer, immer schneller werdend.

Begleitend und beschützt durch Dich,

möchte auch immer wieder gerne Neues wagen.

Auf! Los, ins Neue, Unbekannte, zusammen. Gemeinsam!